원종우 글

내 이름은 원종우. 흔히 파토쌤이라고 불리죠. 사람들에게 과학을 쉽게
설명하는 일을 하고 있어요. 여러분이 어릴 때부터 과학에 관심을 갖고
그 관심이 어른이 되어서도 식지 않았으면 하는 바람으로
《엉뚱하지만 과학입니다》를 쓰고 있어요. 내가 그랬던 것처럼요.
라디오나 TV에서 과학 이야기를 자주 하고, 〈과학하고 앉아있네〉와 같은
과학 팟캐스트도 하고 있어요. 《태양계 연대기》와
《나는 슈뢰딩거의 고양이로소이다》 같은 공상 과학 소설도 썼답니다.

최향숙 글

재미있는 이야기를 지어내는 걸 좋아해서 동화를 쓰기 시작했어요. 그동안
과학책으로는 《겁쟁이 공룡 티라노사우루스》, 《우글와글 미생물을 찾아봐》,
《우리 집 부엌이 수상해》 등을 썼지요. 《엉뚱하지만 과학입니다》를 써야겠다고
마음먹은 건, 영재 학교에 다니는 고등학생 아들 덕분이에요. 엉뚱한 상상이
없으면 기발한 생각도 나오기 힘들다는 걸 깨닫게 해 주었거든요. 여러분이
어릴 때부터 엉뚱한 생각을 많이 하기를 바라는 마음으로 이 책을 썼답니다.

이철민 그림

그림 작가이지만 책을 기획하고 글도 씁니다. 잡지와 광고 일도 하지만
어린이들을 위한 동화에 그림을 그릴 때가 가장 신이 납니다.
지금까지 그린 책으로 《창경궁의 동무》, 《여우 누이》, 《내 이름》, 《미래가 온다, 로봇》,
《미래가 온다, 인공 지능》, 《미래가 온다, 미래 에너지》 등이 있습니다.

와이즈만 영재교육연구소 감수

창의 영재수학과 창의 영재과학 교재 및 프로그램을 개발했습니다.
구성주의 이론에 입각한 교수학습 이론과 창의성 이론 및 선진교육 이론 연구 등에도
전념하고 있습니다. 국내 최고의 사설 영재교육 기관인 와이즈만 영재교육에
교육 콘텐츠를 제공하고 교사 교육을 담당하고 있습니다.

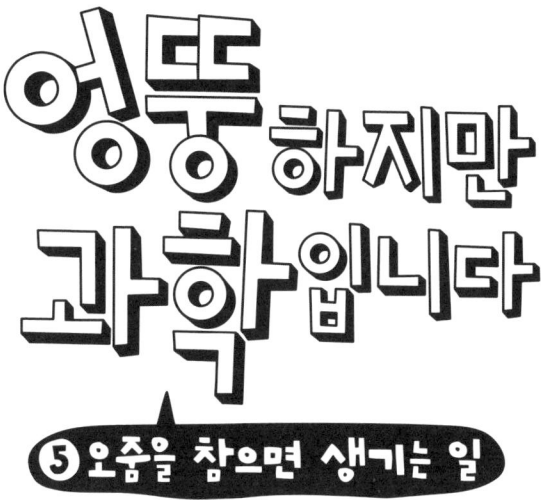

엉뚱하지만 과학입니다
⑤ 오줌을 참으면 생기는 일

와이즈만 BOOKs

1판 1쇄 발행 2022년 7월 1일 | 1판 4쇄 발행 2024년 10월 31일

글 원종우 최향숙 | 그림 이철민 | 감수 와이즈만 영재교육연구소
발행처 와이즈만 BOOKs | 발행인 염만숙 | 출판사업본부장 김현정 | 편집 이혜림 양다운 이지웅
기획·진행 CASA LIBRO | 디자인 SALT&PEPPER Communications | 마케팅 강윤현 장하라

출판등록 1998년 7월 23일 제1998-000170 | 제조국 대한민국
주소 서울특별시 서초구 남부순환로 2219 나노빌딩 5층
전화 마케팅 02-2033-8987 | 편집 02-2033-8928 | 팩스 02-3474-1411
전자우편 books@askwhy.co.kr | 홈페이지 mindalive.co.kr | 사용 연령 8세 이상
ISBN 979-11-90744-75-1

©2022, 원종우 최향숙 이철민 CASA LIBRO
이 책의 저작권은 원종우, 최향숙, 이철민, CASA LIBRO에게 있습니다.
저자와 출판사의 허락 없이 내용의 일부를 인용하거나 발췌하는 것을 금합니다.

잘못된 책은 구입처에서 바꿔 드립니다.

와이즈만 BOOKs는 (주)창의와탐구의 출판 브랜드입니다.
KC마크는 이 제품이 공통안전기준에 적합하였음을 의미합니다.

엉뚱하지만 과학입니다

5 오줌을 참으면 생기는 일

원종우·최향숙 글 | 이철민 그림
와이즈만 영재교육연구소 감수

과학 좋아하니?

물론 좋아하는 친구도 있을 거야. 하지만 '과학'하면,
왠지 어렵고 머리 아프다고 생각하는 친구도 많지.
과학에는 복잡한 공식이 있고, 외워야 하는 것도 많으니까.
그래서 과학을 '이그노벨상'과 함께 알아보려 해.

이그노벨상을 받은 연구 중에서 생활과학 영역에 관한 10개의
연구를 뽑아 엮었어. 우리를 웃게 만드는 연구들인데 웃다 보면
왠지 과학이 친숙하게 느껴지고 좋아질 거야. 우리의 생활을
좀 더 발전시키는 과학자가 되겠다고 다짐하게 될지도 몰라!

어쩌면 너를 꼭 닮은 친구 '나', 그리고 앉으나 서나 과학하는
파토쌤의 안내에 따라 조금씩 천천히 엉뚱한 생활과학의 세계로
들어와 봐!

1991년 하버드대학교의 유머 과학 잡지가 만든 상이야.
물리, 화학, 의학, 수학, 생물, 평화 등 여러 분야에 걸쳐
수상자를 선정해. 지금까지 아무도 엄두를 내지 못했던
기발하거나 엉뚱한 연구에 상을 주는데, 간혹 절대 해서는
안 될 연구에 상을 주기도 해. 진정한 과학이 무엇인지
우리 모두 생각해 보도록 하려는 거야.
역대 수상 연구들은 정말 엉뚱해. 하지만 '과학이 재미있구나!'
'과학은 우리 생활 속에 있구나!'라는 걸 깨닫게 해 줘.
시상식 포스터에는 로댕의 〈생각하는 사람〉이 바닥에 등을 대고
누워 있는 그림이 있어. '발상의 전환'을 나타내는 거래.

자, 그럼 우리도 고정 관념이나 일반적인 생각에서 벗어나
이 책에 가득한 엉뚱하고 기발한 과학으로 발상을 전환해 볼까?

차례

1 고양이 언어도 통역되나옹? ·· 9
 - 신기한 동물 말 번역기 ·· 13

2 아, 한발 늦었다! ··· 17
 - 개·고양이 자동 목욕기 ·· 21

3 참는 게 다 좋은 건 아냐! ·· 25
 - 오줌을 참으면 생기는 일 ······································ 29

4 망했다, 알람을 꺼 버렸어! ······································ 33
 - 도망가는 알람도 있다고? ······································ 37

5 하품은 전염될까? ··· 41
 - 하품이 공감력이라고? ··· 45

6 눈 감아도 괜찮아! ······································ 49
   - 눈 감은 사람 없게 해 주세요! ····························· 53

7 미스터리한
  미스터리 서클 ······································· 57
   - 미스터리 서클의 비밀을 풀어라! ···························· 61

8 세상에서 가장 작은
  선생님 ··· 65
   - 초능력자, 점균류! ·· 69

9 아름다운 그림을
  보면 덜 아파? ······································ 73
   - 고통을 치유하는 예술의 힘 ································ 77

10 우르수스V와
   아이언맨 슈트 ····································· 81
   슬기로운 과학 생활 ·· 85

주인공이 궁금해요

파 토 쌤

누구인지,
뭘 하는 사람인지 알 수 없는
수상하고 이상하고 괴상한 사나이.
동시에 엉뚱하고 기발하고
언제나 과학하고 앉아 있는
괴짜 선생님!

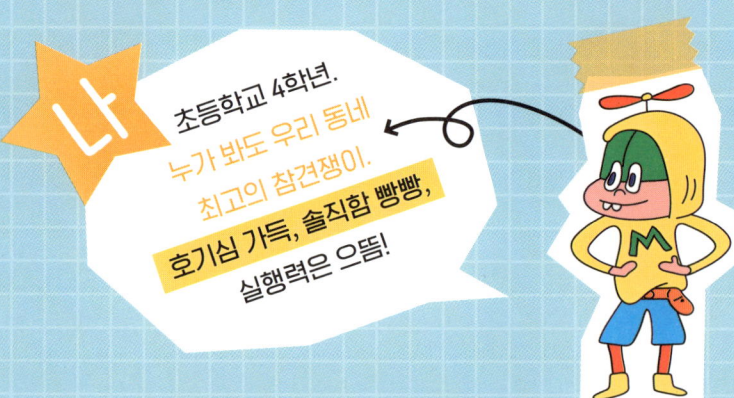

나

초등학교 4학년.
**누가 봐도 우리 동네
최고의 참견쟁이.**
호기심 가득, 솔직함 빵빵,
실행력은 으뜸!

1
고양이 언어도 통역되나옹?

비 내리는 오후, 엄마와 장을 보고 돌아오는 길이었어.
우산을 접으며 우연히 아파트 입구 아래쪽을
쳐다봤더니…….

나는 얼른 파토쌤께 달려가 고양이를 소개했어.
"동물 병원에 데리고 가서 예방 주사도 다 맞혔어요!"
쌤이 고양이 콧등을 쓰다듬으며 말씀하셨어.
"그래, 잘 보살펴 주렴."
그때 고양이가 야옹 소리를 내며 우는 거야.
뭔가 원하는 것 같은데…….

"울음소리 끝이 조금 올라가는 것 같지 않아?"
쌤의 말이 끝나기가 무섭게 고양이가 다시 울었어.
가만히 들어 보니, 그런 것 같아.
내가 고개를 끄덕이자, 평소 길고양이를 보살펴 온 쌤은
고양이에게 간식을 나눠 주셨어.
"배가 고팠나 보구나."

"고양이가 배고픈지 어떻게 아셨어요?"
"스웨덴의 음성학자가 고양이 울음소리를 분석해서 2021년 이그노벨 생물학상을 받았어. 그 연구에 따르면 고양이가 배고플 때는 울음소리 끝을 올린대."

스웨덴 룬드대학교의 수잔 쇼츠 교수는 10여 년 동안 고양이의 울음소리를 분석했어.

자신이 키우는 고양이들의 울음소리를 녹음해서 어떤 때 길게 소리를 내고, 어떤 때 높거나 낮은 소리를 내는지, 또는 상황에 따라 소리가 어떻게 바뀌는지를 관찰했어. 그 관찰 결과를 토대로 고양이의 감정과 의도를 정리한 거야.

배고플 때는 울음소리 끝이 올라가네! 반대로 스트레스를 받을 때는 울음소리 끝이 내려가고!

고양이를 오래 키우다 보면 경험상 울음소리의 의도를 어느 정도 알 수도 있어. 하지만 쇼츠 교수는 그보다 훨씬 깊이 연구했어.

우리 말은 다 다르다옹!

기분이 좋을 때는 가르랑거리는 소리를 내.

사냥을 못해서 답답할 때는 찹찹거리는 소리를 내.

아프거나 기분이 좋지 않을 때는 낮게 우웅거리는 소리를 내.

상대에 경계심을 드러낼 때는 하악거리는 소리를 내.

이렇게 고양이 소리를 분류하고 분석해서 쇼츠 교수 연구팀은 2011~2016년까지 다섯 편이나 되는 논문을 발표했어.

쇼츠 교수 자신이 고양이를 좋아하기도 하지만 이렇게
진지하게 연구를 한 이유는

고양이와 인간의
소통을 돕고 싶어서래.

고양이는 개만큼이나 우리와 가까이 살아가지만,
활달한 개에 비해 내성적이라 좀처럼 감정을 알아채기
어렵거든. 그래서 고양이 마음을 잘 모르겠을 때
도움이 되고 싶었던 거야.

그렇다고 고양이 울음소리의 의미를 전부 이해한 건 아니야.
아직은 더 많은 연구가 필요해.

사람들은 오래전부터 동물의 말을 이해해 보려고 노력했지만 방법이 없었는데, 요즘은 인공 지능이 발달하면서 새로운 시대가 열렸어.

다양한 환경에 동물을 노출시킨 뒤, 여러 가지 소리를 최대한 많이 녹음해서 인공 지능에게 학습시키는 거야. 미국 조지아공과대학교에서는 인공 지능으로 닭의 울음소리를 분석해서 닭도 소리로 감정을 표현한다는 것을 알아냈어.
우리는 그동안 동물을 연구의 대상으로만 봐 왔는데, 이제는 인간만큼이나 다양한 생각과 감정이 있는 생명체로 바라보기 시작했어. 동물의 말을 이해하려는 노력은 이런 연구의 연장선이라고 볼 수 있지!

2
아, 한발 늦었다!

예전엔 정말 몰랐어.
집사가 되는 게 이렇게 힘든 일인지 말이야.

나는 우선 고양이부터 씻기기로 했어.

고양이 목욕시키기가 이렇게 힘들 줄이야!

"쌤, 고양이 때문에 엄마한테 엄청 혼났어요!"
나는 쌤께 고양이가 한 짓을 다 일렀어.
그러고는 이렇게 말했지.
"아무래도 고양이 목욕 기계를 만들어야겠어요."
그런데 쌤이 이렇게 답하시는 거야.
"그거 이미 나왔는데?"

스페인의 반려동물 미용사가 개나 고양이를 씻기는 전자동 기계를 발명해서, 2002년 이그노벨 위생상을 받았어!

한발 늦었다!

반려동물 목욕 기계는 드럼 세탁기보다는 작고 전자레인지보다는 커. 이 기계에 개나 고양이를 넣으면 세척액이 사방에서 뿜어져 나오지. 꼭 자동 세차장 같지?

개나 고양이를 목욕시키는 건 쉬운 일이 아냐. 특히 고양이는 물을 싫어해서 도망가거나 주인을 할퀴기 쉽지. 전자동 목욕 기계는 이런 문제를 해결해 줘서, 이그노벨상을 받았겠지?

반려동물 미용사인 에두아르도 세구라가 만든 이 기계의
원리는 그리 복잡한 건 아니야. 하지만

> 동물을 씻기는 장치니까
> 섬세하게 만들어야 해.

수압이 너무 강하거나, 너무 오랜 시간 작동해서 동물이
스트레스를 심하게 받으면 안 되니까.
세구라는 이그노벨상을 받은 후 라바칸이라는 회사를
설립해서 20년이 지난 지금도 기계를 팔고 있어.
주로 반려견 미용을 하는 사람들이 구입하는데,
크기는 두 가지이고 가격은 무척 비싸.
작은 모델도 천만 원 정도 한다니
세구라는 돈을 꽤 많이
벌었겠지?

우리나라에도 이보다 훨씬 간단하고 저렴한 기계가 나왔어.
양서류나 파충류처럼 피부에 수분을 유지해야 하는
동물에게도 도움이 될 거야.

반려동물은 얼마나 자주 씻기고, 또 얼마나 깨끗이 씻겨야 할까?

개는 체취가 강하고 주인과 외출하는 경우가 많아서, 반려인들은 1주일에 한 번 이상 목욕을 시키는 경우가 많아. 하지만 전문가들은 2~3주에 한 번이 적당하며, 최소 석 달에 한 번은 씻기기를 권장해.

고양이는 목욕이 별로 필요하지 않아. 스스로 몸을 핥는 그루밍을 하면서 청결을 유지하거든. 건조한 나라에서는 고양이를 씻길 필요가 없다고 얘기하는 수의사도 있어. 고양이는 특별히 더러워졌거나, 아프거나 나이가 들어 그루밍을 하지 못하는 경우에만 좀 더 신경 써서 씻겨 주면 돼.

반려동물을 꼭 깨끗이 씻기는 게 좋은 건 아니야.

특히 목욕 기계는 사람에겐 편리하겠지만, 답답한 공간 속 사방에서 뿜어내는 물줄기에도 스트레스를 덜 받는 성격과 특성을 가진 동물에게만 사용하는 게 좋겠지?

3
참는 게 다 좋은 건 아냐!

나랑 우주는 단짝이야.
그런데 아주 가끔 우리는,
진짜 진짜 엉뚱한 내기를 할 때가 있어.

수업 시작과 동시에 내기가 시작됐고,
나는 오줌을 꾹 참았어.

수업이 모두 끝난 뒤에도
나는 오줌을 꾹 참았지.

저 멀리 집이 보일 때까지도 오줌을 꾹 참았어.
하지만 나는 결국 집까지 가지 못했지.

쌤 집이 아니었으면, 난 오줌을 싸고 말았을 거야.
"아이고! 하다 하다 별 내기를 다 한다!"

그런데 쌤이 뜻밖의 얘기를 하시는 거야.
"앞으로 그런 내기는 안 하는 게 좋을걸.

> 오줌을 너무 참으면 술에 취한 것처럼 판단력과 집중력이 떨어진다.

라는 연구가 있거든.
2011년 이그노벨 의학상을 수상한 연구지."

그래? 그럼 그 연구에 대해 자세히 알려 줘야겠는걸?

정말요? 우주한테도 알려 줘야겠어요!

오줌은 어떻게 나올까? 오줌은 방광에 모여.

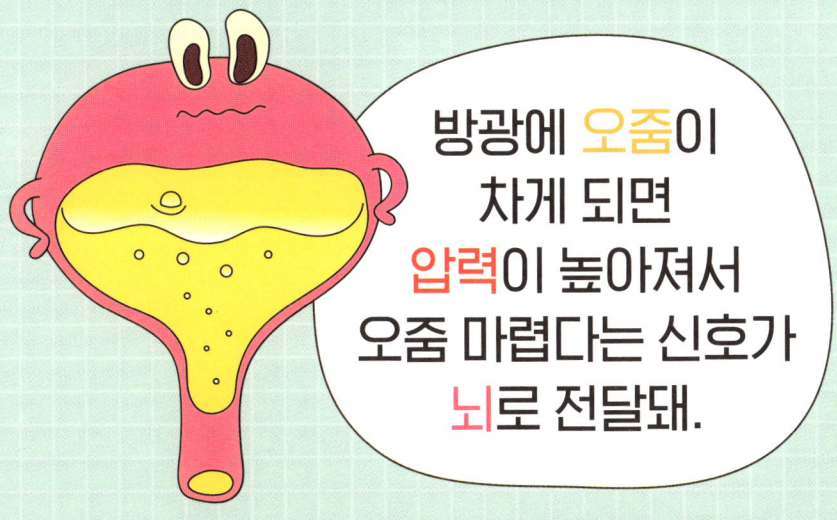

뇌의 신호를 받은 우리는 꽉 조였던 방광의 *괄약근을 이완시켜 오줌을 누지.

방광이 꽉 차서 압력이 높아졌는데도 무시하고 억지로 버티면 몸도 마음도 힘들어져. 그런데 이런 상태가 뇌의 정신 활동, 즉 판단력이나 인지 능력에도 영향을 끼칠까?

*책 마지막 장에서 더 자세한 정보를 확인해 보세요.

2011년 이그노벨 의학상은 '오줌을 참았을 때, 뇌의 정신 활동'에 대해 연구한 두 팀이 공동으로 수상했어.

미국·호주 팀은 오줌이 '엄청' 마려울 때, 우리 뇌는 어떻게 활동하는지 연구했어. 결과는

'오줌이 너무 마려우면 인지 능력이 거의 상실된다.'

였어. 실험 참가자들은 트럼프 카드 순서 기억하기 같은 아주 간단한 일조차 제대로 하지 못했어.

네덜란드·벨기에 팀은 오줌이 '약간' 마려울 때 판단력이나 인지 능력에 어떤 영향을 끼치는지 연구했어.

'오줌이 살짝 마려울 때는 충동적인 행동을 억제하기 쉽다.'

라는 사실을 알아냈어. 오줌을 적당히 참고 있는 상태 자체가 이미 뭔가를 억제하고 있는 거잖아? 오줌을 참는 것처럼, 다른 충동도 자연스레 억제가 되는 거래.
그렇다고 오줌을 조금 참는 게 좋다고 생각하면 절대 안 돼!

오줌을 참다 보면 뇌가 자칫 오줌을 눌 기회를 놓칠 수 있어서 자주 오줌이 마렵다고 착각하게 돼.
특히 습관적으로 오줌을 참으면 방광의 일부가 주머니처럼 늘어나서 방광게실이라는 비정상적인 상태가 되거든.
그럼 염증이 생겨서 여러 질병이 생길 수 있지.

안녕!!!
난 방광게실! 방광의 오른쪽 혹처럼 튀어나와 있지.

결국 오줌을 참으면 판단력과 집중력이 흐려지고 몸에도 병이 생길 수 있어.

그러니까, 오줌 참기 내기 같은 건 절대 하는 거 아냐!

네, 또다시 그러면 문도 열어 주지 마세요!

4
망했다, 알람을 꺼 버렸어!

아빠랑 엄마는 내일 아침 일찍, 시골 할머니 댁에 가셔야 한대. 엄마는 내가 학교에 지각할까 봐 걱정하셨어. 나는 엄마의 걱정을 덜어드리려고 알람 시계를 들고 큰소리를 뻥뻥 쳤어.

우리 나간 다음에 네가 또 잠들까 봐 걱정이다.

알람 맞춰 놓았으니 걱정 노노!

다음 날 아침, 엄마는 나를 깨웠어.
하지만 엄마 아빠가 할머니 댁으로 출발한 뒤,
난 다시 침대로 갔지.
1시간은 더 자도 되니까!

그런데 이게 웬일이야?

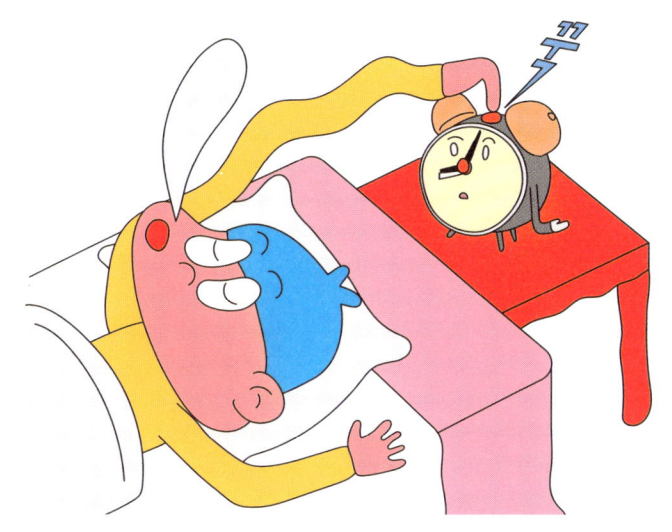

파토쌤께 아침에 지각할 뻔한 이야기를 했더니
파토쌤이 이렇게 말씀하셨어.
"알람을 머리맡에 두지 말았어야지!"

"도망가는 알람이 있었으면 좋았을 텐데."
쌤 말씀에 나는 귀가 번쩍했어.
"그런 알람이 있어요?"
"그럼, 2005년 이그노벨 경제학상을 받은 발명품인걸."
"엄마는 왜 그런 알람을 사지 않았을까요? 그런데 알람이 어떻게 도망가요?"

좋아!
오늘은 도망가는 알람은 물론,
온갖 신기한 알람에 대해 알려 줄게!

아침에 곤한 잠에서 깨는 건 누구나 어려워.
특히 일찍 일어나야 할 때는 더 힘들고 짜증나기도 해.
하지만 학교나 회사에 가려면 안 일어날 수는 없잖아?
그래서 이미

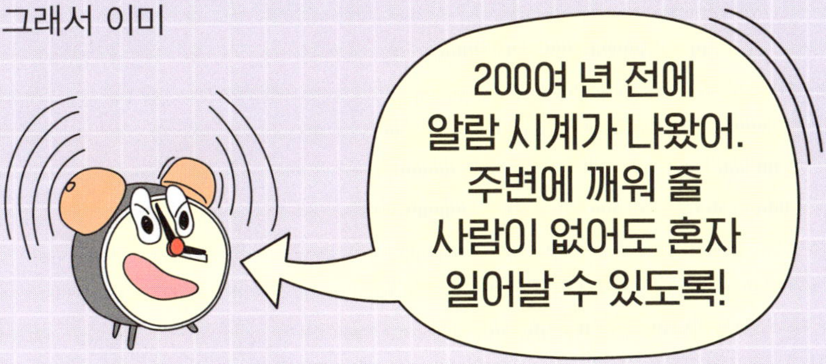

200여 년 전에 알람 시계가 나왔어. 주변에 깨워 줄 사람이 없어도 혼자 일어날 수 있도록!

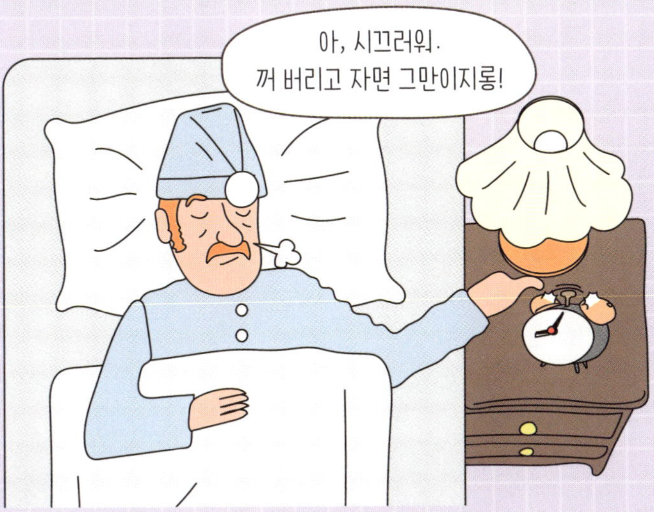

아, 시끄러워. 꺼 버리고 자면 그만이지롱!

전기 시계로 바뀌면서 '스누즈' 기능이 추가됐어.
누르면 알람이 꺼졌다가 몇 분 후에 다시 울리는 기능이야.

그다음, 알람을 계속 끄는 사람들을 위해 생겨난 게 바로 2005년 이그노벨상에 빛나는 **도망가는 시계, '클라키'**야! 미국 매사추세츠공과대학교에 다니는 학생이 만들었는데, 공부할 건 많은데 잠 깨는 게 무척 힘들었나 봐.

숨은 클라키를 찾아내야 알람을 끌 수 있기 때문에 안 깰래야 안 깰 수가 없어! 매일 다른 곳을 찾아 숨기 때문에 숨을 곳을 예상할 수도 없고. 그 밖에도 기발한 알람 시계들이 계속해서 발명됐어.

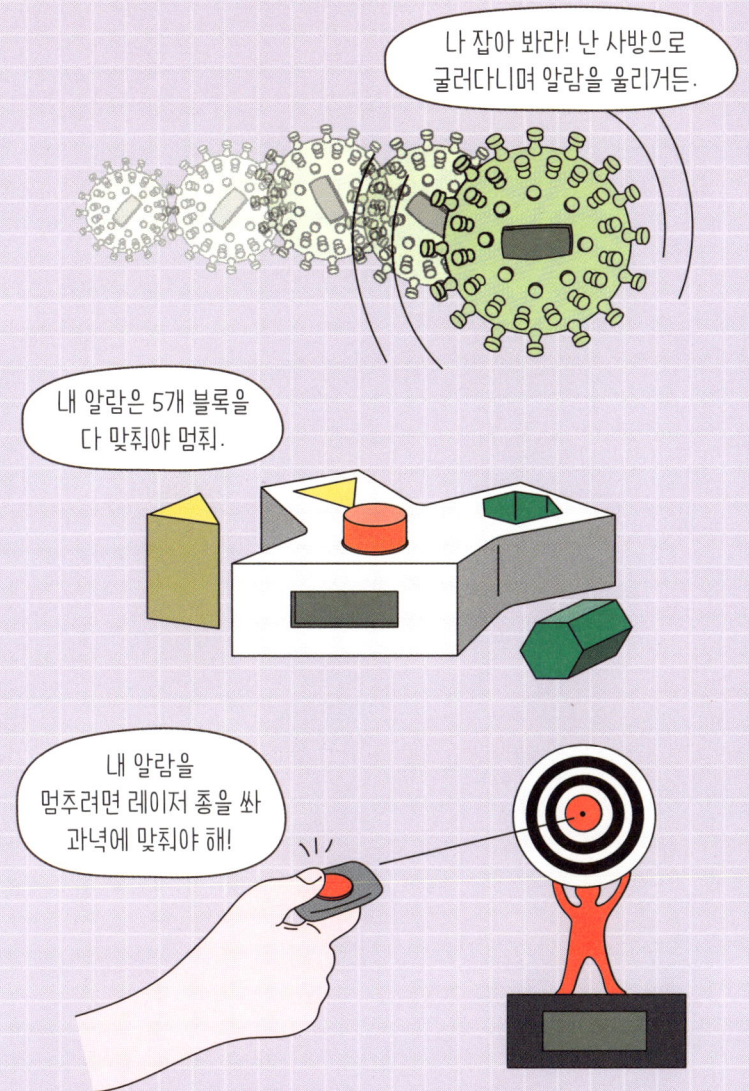

이 수많은 알람 중 특히 의미 있는 것이 있어.
2011년 이그노벨상 화학상을 받은 '와사비 알람'이야.
소리 대신 와사비 가루를 분사하지.
잠을 깨우기 위한 게 아니고 화재 경보용이야.
보통 화재 경보는 시끄러운 경보음이 울리는데,
청각 장애인은 들을 수 없잖아.
이럴 때 냄새라면 확실히 효과가 있겠지?
좀 엉뚱하긴 해도 아무도 생각하지 못했던 청각 장애인의
관점에서 접근했기 때문에 이그노벨상을 받을 수 있었어.
앞으로 **와사비 알람이 많은 청각장애인을 돕는 역할**을
하면 좋겠지!

5 하품은 전염될까?

나는 요즘 학원에 다니기 시작했어.
무슨 학원이냐고?
바로바로 수학 학원.

내가 수학을 좀…… **못하거든!**

하지만 나만 수학을 못하는 건 아냐!

우주와 나는 나란히 앉아서
열심히 수학 공부를 했어.
아, 그런데 우주 때문에 공부가 안되는 거 있지!

"우주가 자꾸 하품을 하니까
저도 자꾸자꾸 하품을 하게 돼서, 공부에 방해돼요."
파토쌤을 찾아가 아주 살짝 우주를 원망했어.
"수학 학원 가기 싫어서 핑계 대는 건 아니고?"
쌤은 어찌나 내 마음을 잘 꿰뚫어 보시는지…….

"우주의 하품이 진짜 너에게 전염된다고 생각해?"
나는 입만 삐죽였어.
그러다가 관심 없다는 듯 툭 내뱉었어.
"뭐, 하품이 전염되는지 아닌지 알려 주시던가요!"
"좋아! 오늘은 2011년 이그노벨 생리학상을 수상한 붉은다리거북의 하품 연구에 대해 알아보자."

하품이 전염되는 건 맞아. 왜, 무슨 이유로 전염될까?
학자들은 몇 가지 가설을 세웠어.

> 가설1. 남이 하품하는 모습을 보면 자동적으로, 기계적으로 하품을 하게 된다!
> 가설2. 남이 하품하는 모습을 무의식적으로 모방한다!
> 가설3. 하품하는 모습을 보면 공감력을 발휘하게 되어 함께 하품하게 된다!

파충류인 거북은 인간이나 포유류와 달리 공감력을
담당하는 *대뇌 피질이 발달해 있지 않아.
그러니 거북끼리 하품이 전염되는지 알아보면
하품과 공감력이 관련 있는지도 알 수 있겠지?

영국 링컨대학교의 애너 윌킨슨 교수는 '알렉산드라'라는 이름의 붉은다리거북에게 하품할 때마다 먹이를 주고 6개월이나 훈련시켜서 연구자들이 원할 때 하품하도록 만들었어. 다른 거북들에게는 알렉산드라가 하품하는 모습을 수없이 반복해서 보게 했지.
그 길고 지루한 실험 결과로 붉은다리거북끼리는 하품이 전염되지 않는다는 사실을 확인했어!

그 후로도 계속 여러 가지 연구를 한 윌킨슨은

상대방의 감정을 이해할 만큼 공감력과 지능이 발달한 동물끼리만 하품이 전염된다.

라는 결론을 내렸어.

그럼 다른 동물, 예를 들어 포유류인 개는 어떨까?
요크셔테리어, 도베르만, 보더콜리, 스패니얼 등 종이 다른
29마리의 개 앞에서 사람이 하품을 했더니,

무려 21마리가 하품을 따라 했어. 사람에 대한 개의
공감력은 굉장하지?

개는 인간의 진정한 친구라는 사실이 하품 연구를 통해 밝혀진 셈이야!

그럼 사람은 어떨까?
하품하는 모습을 비디오로 본 사람들이 하품을
따라 하는지를 실험했어. 결과는 참가자의 50 퍼센트가
따라 했대. 그리고 친하거나 감정적으로 가까운 사이일수록
하품을 따라 할 가능성이 크다는 사실도 또 다른 실험을
통해서 밝혀졌어.

6
눈 감아도 괜찮아!

내가 요즘 흠뻑 빠져 있는 앱이 하나 있어.
바로바로 사진 찍는 앱.
오늘은 파토쌤과 함께 사진을 찍고,
그 앱으로 아주 조금 보정을 했지!

사진을 본 쌤은 무심한 듯 말씀하셨어.
"턱살 좀 더 없애 줘!"
나는 킥킥대며 쌤 바람대로 했지.
쌤은 이번에는 마음에 드셨는지 흐뭇한 표정으로
옛날 얘기를 시작하셨어.
"옛날에는 양복 입은 사진이 필요하면
양복을 빌려서라도 입고 사진관에 가야 했어.
그런데 요즘은 티셔츠를 입고 가도 양복을 입은
사진을 찍을 수 있어!"

"또 옛날에는 단체 사진을 찍으면 눈 감은 사람이 꼭 한 명씩 있었어. 하지만 요즘은 그렇지 않지!"

"요즘이 정말 좋죠?"
내 말에 쌤은 싱긋 웃으셨어.
"하지만 불편한 게 꼭 나쁘지만은 않아.
불편함 때문에 연구나 발명이 시작되기도 하니까."
그러고는 이렇게 덧붙이셨지.
"단체 사진을 찍을 때 눈 감은 사람이 없으려면
몇 장을 찍어야 하는지에 대한 연구도
그중 하나가 아닐까 싶네! 이 연구로 반스와 스벤슨이
2006년 이그노벨 수학상을 받았지."

필름 카메라를 쓰던 시절에는 필름 값이 비싸서 비슷한 사진을 여러 장 찍지 못했어. 하지만 지금은 디지털 카메라나 스마트폰 카메라로 몇 장이라도 찍을 수 있지.

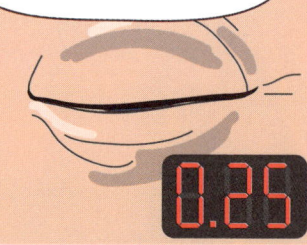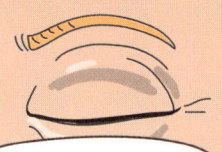

95 퍼센트니까 한 사람만 찍을 때는 거의 눈 감지 않아.
하지만 단체 사진은 얘기가 달라져. 예를 들어 20명이면
한 사람일 때 확률 0.95를 20번 제곱해야 하니까
$0.95^{20}=0.3584……$가 돼. 약 35 퍼센트니까
20명이 아무도 눈 감지 않은 단체 사진을 얻으려면
3번 정도 찍어야 한다는 뜻이지.
이걸 정리해서 반스와 스벤슨이 공식을 발표했어.

아무도 눈 감고 있지 않을 확률
$= 1÷(1-xt)^n$ *n은 사람 수

하지만 사진 찍을 때마다 계산할 수 없으니까 20명이나
그 이하는 사람 수를 3으로 나눈 횟수 정도를 찍으면 돼.

사진 찍는 사람들이 바라던 눈 안 감은 단체 사진 찍는 법이 이렇게 과학적으로 밝혀졌어.

물론 이건 확률이니까 절대적인 건 아냐.
운 좋으면 한 번에 성공할 수도 있고,
아니면 수십 번을 계속 찍어야 할 수도 있지.

7
미스터리한
미스터리 서클

주말 저녁, 심심해서 파토쌤께 갔어.
쌤은 내가 온 것도 모르고
뭔가에 열중하고 계셨지.
아, 과학 친구를 이렇게 푸대접하시다니!

하는 수 없이 내가 직접 냉장고에서 우유를 꺼냈어.
그런데 컵에 따르다가 우유를 몇 방울 흘렸네.
그걸 닦으려고 곽 티슈에서 휴지를 뽑는데…….

우유를 닦고 휴지까지 버린 나는 슬그머니 일어났어.
얼른 내빼려고!
그때 쌤이 다가오셨어.
"다 끝났어. 놀다가 가!"
"그냥 갈래요."
나는 삐친 척하며 집에 가려고 했지.
그때, 쌤이 내 앞을 가로막으며 말씀하셨어.

쌤이 다시 말씀하셨어.

"밀이나 옥수수밭 같은 곳에 누가 그렸는지, 어떻게 그렸는지 모르는 그림들 본 적 없어?"

'아, 그 외계인이 그린 것 같은 그림 말씀이시구나!'
나는 이때다 싶어 질문 폭격을 시작했지.

1970년대부터 영국을 중심으로 이상한 현상이 일어나기 시작했어. 밀이나 귀리가 심어진 밭에 커다란 원 형태의 그림들이 나타난 거야! 밭에 심어 놓은 곡물을 구부리거나 부러뜨려서 만든

이 그림들은 밤새 갑자기 생겨났고 누가 왜 만들었는지는 알 수 없었지.

이런 현상은 이미 1678년부터 있었다는 기록이 있고, 그 당시에는 악마가 귀리를 훔쳐 간다고 생각했대. 그러다 1970~1980년대 들어서 갑자기 더 많아졌어.

신기하기는 해도 단순한 동그라미라 밤새 누구나 그릴 수 있을 거라고 여겼어.
그런데 시대가 지나면서 그림이 점점 커지고 복잡해졌고, 밤사이 아무도 모르게 이렇게 정교하고 복잡한 그림을 그릴 수 있느냐는 의문이 생기기 시작했지.

지름이 100 미터가 넘을 정도로 크고, 예술 작품이라고 할 만큼 화려한 미스터리 서클도 많았어.

하룻밤 만에 이런 작품을 만들어 낸 건 외계인일 거라고 많은 사람이 믿게 됐어.

이런 생각은 결국 전 세계적으로 퍼져 나갔지!

그러던 중, 1991년 영국 중남부의 시골에 살던 덕 보워와 데이브 촐리가 **판자**나 **밧줄** 같은 간단한 도구로 미스터리 서클을 만드는 과정을 공개했어.

> 막대를 땅에 박은 뒤 막대와 판자를 밧줄로 연결해서 콤파스로 원을 그리듯이 판자로 풀을 밟으며 돌면 쉽게 원을 그릴 수 있어.

그들은 단 15분 만에 지름 12미터의 완벽한 서클을 만들어내는 데 성공했고, 1970년대부터 많은 미스터리 서클을 만들어 왔다고 고백하기도 했지. 이렇게 진실을 밝힌 공로로 1992년 이그노벨 물리학상을 받았어.

사실 나도 어려서부터 미스터리 서클에 관심이 많았어.
정말 외계인이 그린 것이길 바랐지. 그랬으면 얼마나
신기하고 흥분됐을까!
하지만 과학은 우리가 바라는 것, 믿고 싶은 것을
보여 주기 위해 있는 것이 아니야.

우리 기대와 다르더라도
진실을 확인시켜 주는 게 과학이니까.

그런데 수십 년 동안 한밤중에 수백 개의 미스터리 서클을
만든 사람들 말이야. 아무도 알아주지 않고 돈이 생기지도
않는 일을 왜 그렇게 열심히 했을까? 비록 미스터리 서클은
외계인의 작품이 아니었지만, 이렇게 뭔가에 열중하는
그 힘이야말로 인간이 가진 특별한 능력은 아닐까?

8
세상에서 가장 작은
선생님

친구 험담하기는 그렇지만, 내 친구 우주는 정말
무식한 것 같아.

책이 마음의 양식이라는 건
음식을 먹어서 배를 부르게 하는 것처럼
책을 읽으면 지식이 차곡차곡 쌓인다는 거잖아.
생각하는 힘도 커지고!

우주는 눈치도 없이,
내 책을 들여다보며 다시 물었어.

내 말에 아랑곳없이
우주는 다음 장을 넘겨서 또 첫 문장을 읽었어.

"만나는 모든 사람 마주치는
모든 것이 나의 스승이다."

우주는 날 보며 바보스럽게 웃었어.
"만나는 모든 사람이 너의 스승이래.
그러니까 나도 너의 스승이야!"
나는 쓴웃음을 지으며 대꾸했지.
"그럼, 그럼! 오늘 너를 보니까,
왜 열심히 책을 읽어야 하는지 알겠더라.
그걸 깨우치게 해 줬으니, 네가 내 스승이 맞다!"
내 말에 우주는 키득거리며 다시 물었어.
"마주치는 모든 것도 스승이라면……."
우주는 탁자를 가리켰어.
"그럼, 이것도 너의 스승이야?"
나는 우주가 장난을 친다는 걸 그제야 알아챘어!

우주 이야기에 파토쌤도 웃으셨어.
"우주한테 한 방 먹었네."
그러면서 씩씩대는 나를 못 본 척하며 말씀하셨지.
"마주치는 모든 것이 스승이라는 말은
요즘 들어 더 와닿는 것 같아. 과학자들이 생물들에게
많은 것을 배우고 있거든."

점균류는 단세포 생물이야. 습기 있고 부패한 물질이 있는 곳에서 잘 자라는데, 얼핏 보면 곰팡이와 비슷하지만 이동을 하고 먹이를 먹기 때문에 점균류라고 따로 분류해.

점균류 중에 '황색망사먼지'라는 종이 있어. 이름은 먼지지만 노란색 망사 모양으로 퍼져 나가는 어엿한 생물이지. 하지만 단세포 생물 무리라 뇌도 없고, 생각을 하거나 계획 같은 걸 하는 건 당연히 불가능해.
그런데 이 황색망사먼지는 놀라운 능력의 소유자야. 길을 찾거든.

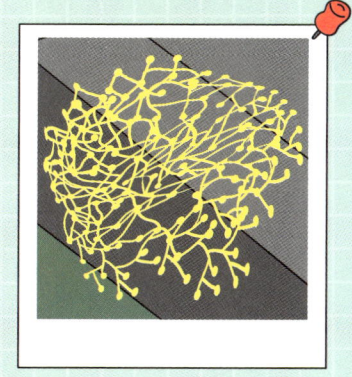

점균류의 길 찾는 능력으로 복잡한 도쿄의 철도망을 재현한 일본의 연구팀이 2010년 이그노벨 운송계획상을 받았지!

뇌가 없어 생각이 불가능한 단세포 생물이 대체 어떻게 길을 찾을까?

2000년에 일본·헝가리 연구팀이
황색망사먼지가 미로에서 길을 찾을 수 있다는 사실을 증명했어.

연구팀은 미로를 만들고 노란 표시가 있는 입구와 출구 두 곳에 황색망사먼지가 좋아하는 먹이를 뒀지. 황색망사먼지는 왼쪽 그림처럼 여기저기로 퍼지면서 미로를 탐색하다가 결국 오른쪽 그림처럼 먹이 사이의 최단 경로를 찾는 데 성공했어.

이건 물론 지능이 있기 때문은 아냐. 먹이를 향해 황색망사먼지가 퍼져 나가는 방법 덕분이지. 잘못된 길로 가면 그쪽 관을 수축시켜서 돌아오고 다시 먹이가 있는 쪽을 찾아 관을 확장해 가는 방식이지. 결국 가장 짧고 효과적인 길이 만들어져.

이 연구 결과는 **점균류를 활용해 고성능의 최적화된 *알고리즘을 찾아낼 수 있다**는 가능성을 보여 줬고, 이것을 도쿄의 광역 철도망을 재현하는 실험에 적용했어.

붉은 선은 도쿄 주변의 주요 철도망을 나타내.
연구자들은 철로가 지나는 36개 주요 도시 위치에 먹이를 배치했어.
산이나 강 같이 가로막힌 지형은 점균류가 싫어하는 빛을 두었지.
그러고 나서 황색망사먼지를 도쿄 중심에 놓았지.
그러자 황색망사먼지는 수축과 확장을 반복하면서 가장 합리적인 경로를
찾기 시작했고, 놀랍게도 인간이 만든 철로 네트워크를 20시간 만에
재현하는 데 성공했어. 실제로 두 그림을 놓고 보면
연결된 선들이 거의 같아.

지능이 전혀 없는 생물이 이런 일을 할 수 있다는 건 대단한 일이지. 이 정도면 충분히 이그노벨상을 받을 자격이 있지?

2021년에는

> 점균류는 과거에 먹이가 많았던 장소를 기억하고 그 정보를 꺼내서 활용할 수도 있다.

라는 사실도 밝혀졌어. 먹이가 있었던 곳에는 나중에도 먹이가 생겨날 가능성이 있으니, 서로 연결된 관들의 굵기와 구조에 그 정보들을 보관했다가 그 흔적들을 따라 돌아올 가능성을 만들어 두는 거지.
이 모든 것이 기억이나 계획, 명령을 수행할 뇌가 없이 가능하다는 것! 놀라운 자연의 신비지?

어떤 의미에선…… 그렇다고 봐야지?

저 길치인데 그럼 황색망사먼지가 저보다 똑똑한 건가요?

9
아름다운 그림을 보면 덜 아파?

파토쌤은 화가 나면 기타를 연주하신대.

흠, 내가 보기엔 쌤은 화날 때뿐 아니라
기쁠 때나 슬플 때나 기타를 연주하시는 것 같은데…….

물론
언제나 기타를 칩니다.
하지만 누군가 나를
화나게 했을 때 기타를 치면,
화가 풀려요!
그 사람이 내 마음에 낸 상처가
치유되는 느낌이랄까?

예술에는
마음을 치유하는
기능이 있잖아요!

나는 의심스러운 눈초리로 물었어.
"쌤, 예술이 진짜 마음을 치료할 수 있어요?
예술이 약도 아니고."
"예술은 상처가 나면 바르는 연고 같은 약은 아니야.
특정한 병을 예술로만 치료할 수도 없지.
하지만 마음의 상처를 치료하는 데는
확실히 도움이 되는 것 같아.

큰 사고나 재해를 당하면,
피해자에게 생각지 못한 문제가 생기기도 해.
갑자기 공포에 휩싸여 꼼짝을 못 한다든가,
사람들을 만나는 걸 꺼린다든가 하지.
이런 걸 트라우마라고 해."

음악이나 미술은 트라우마를 치료하는 데 널리 쓰이고 있어.

"아픈 환자의 통증을 줄여 주기도 해.
대표적인 예가 아이를 낳는 산모에게
음악을 들려주는 거지.
아름다운 그림을 보면 통증이 덜 하다는 연구도 있어.
바로 2014년 이그노벨 예술상을 수상한 연구야."

이탈리아 바리대학교의 *마리나 데 토마소 교수는 **사람이 고통을 느끼는 곳은 결국 뇌니까 뇌에 다른 영향을 주면 고통을 줄일 수도 있다**는 걸 밝혀냈어. 토마소 교수는 실험 참가자들의 머리에 전극을 연결하고 뇌파를 기록하면서, 피부에 약한 레이저를 쏴서 따끔한 느낌을 받게 했어.

토마소 교수 연구팀은 참가자들에게 각각 아름다운 그림, 보통 그림, 흉한 그림을 보여 줬어. 동시에 참가자들의 손가락에 이산화 탄소 레이저 광선을 쏴서 통증을 줬지. 참가자들은 아름다운 그림을 볼 때 가장 통증을 덜 느꼈다고 답했대.

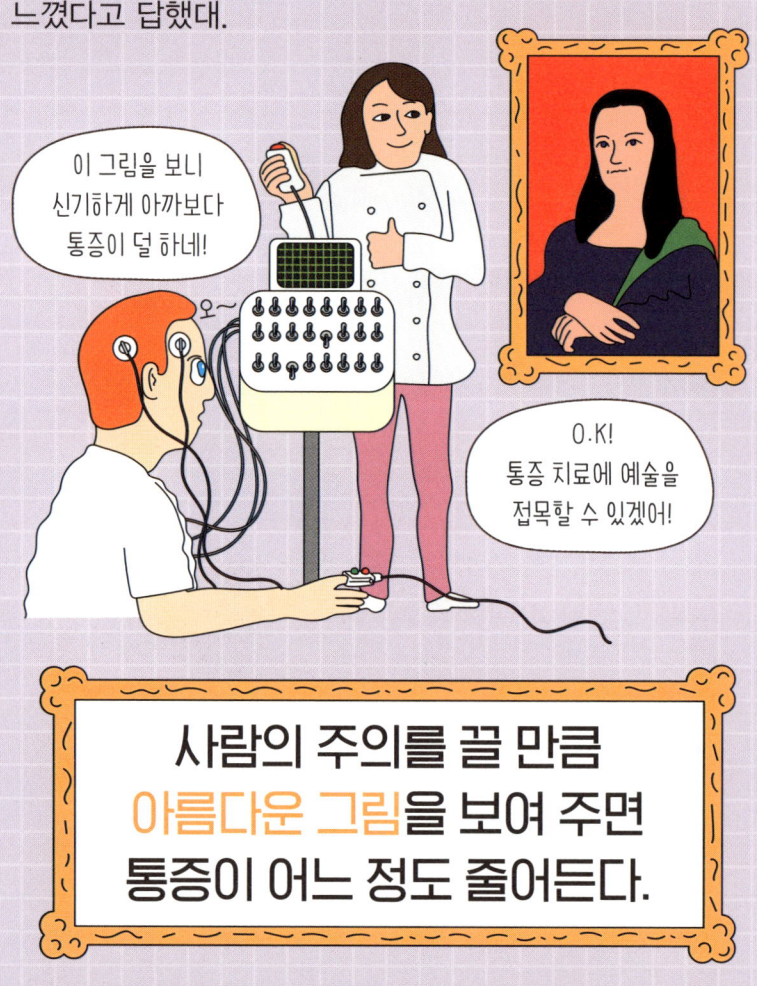

사람의 주의를 끌 만큼
아름다운 그림을 보여 주면
통증이 어느 정도 줄어든다.

라는 게 확인된 셈이지. 물론 진통제를 대신할 정도는 아니지만, 예술 치료를 병행하면 더 효과를 낼 수 있어.

 예술 치료는 마음의 고통을 치료하는 데 많이 쓰여.

우울증이나 ADHD(주의력 결핍 과잉 행동 장애), 치매 같은 질환을 가진 사람들을 위해 쓰기도 하지만 요즘은 스트레스로 힘들어하는 일반인들에게도 많이 쓰고 있어. 음악 치료도 듣기부터 노래나 연주, 작사·작곡까지 다양하게 진행돼. 2019년 미국 펜실베니아대학교의 연구 결과, 수술 전후에 잔잔한 음악을 들려주는 것은 신경 안정제를 사용하는 것만큼이나 환자를 진정시키는 효과가 있다는 사실이 밝혀졌어.

와, 수술을 앞둔 환자인데 마음이 편안해 보여요!

잔잔한 음악은 스트레스 호르몬 분비를 줄이기 때문에 통증을 완화하거나 회복을 촉진하는 데 도움이 되는 거지. 비싸고 부작용이 우려되는 약물 대신 안전하기도 하고.

연극 치료도 있어. 심리극이라고도 하는 연극에 직접 참여해서 자기가 처한 상황이나 문제, 그리고 남들에게 드러내기 어려웠던 속마음을 꺼내서 고통을 풀어내고 해소하는 거지. 일상생활 속에서는 그런 기회가 많지 않기 때문에 큰 도움을 받는 경우가 많아.

통증이나 정신적 장애에 쓰는 약들이 부작용이 심한 경우가 많기 때문에 예술 치료의 중요성은 점점 더 커지고 있어.

10
우르수스V와 아이언맨 슈트

이그노벨상에 대해 알아보다 보니 문득 궁금해지네.
"쌤은 이그노벨상을 받은 사람 가운데
누가 가장 기억에 남아요?"
파토쌤은 망설임 없이 답하셨어.
"1998년 우르수스V로 안전기술상을 받은 *허터비스!"

허터비스는 어릴 적부터 회색 곰이 무척 좋았대.
곰을 가까이서 보려다가 큰일 날 뻔했는데도
회색 곰에 대한 사랑은 식지 않았어.
오히려 '바로 옆에서 안전하게 곰을 관찰할 수는 없을까?'
하는 생각만 했지. 그러고는 하이테크 안전 보호복을
만들자고 결심했어!
그래서 나온 게 바로 우르수스V야.

그런데 치명적인 문제가 있었어.

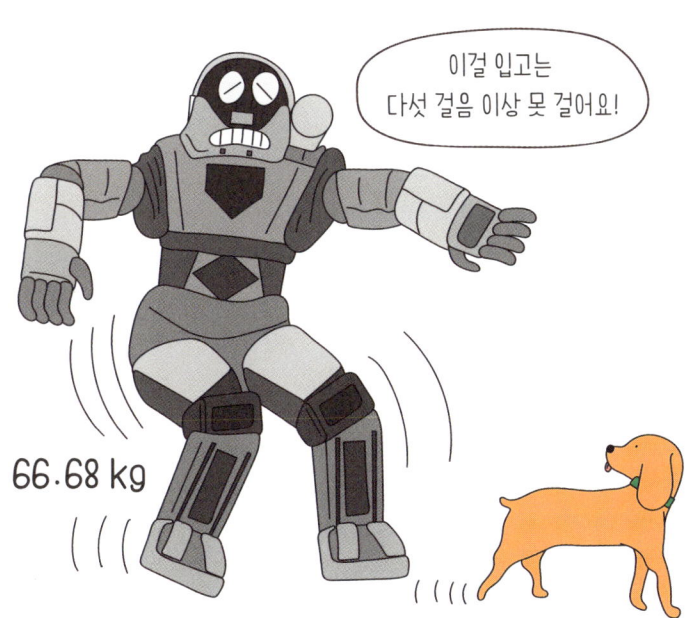

"이런 문제가 있어도, 이그노벨상 위원회는
1998년 허터비스에게 안전기술상을 주었어.
연구자의 의지를 그만큼 높이 평가한 거야.
나도 그의 의지와 노력이 멋지다고 생각해."
나는 고개를 끄덕이며 무심코 말했어.
"아이언맨 슈트가 있으면,
과학자들이 안전하게 연구할 수 있을 텐데요."
내 말에 쌤은 눈을 번쩍 뜨셨어.

아이언맨 슈트부터 살펴볼까? 아이언맨 하면 가장 먼저 떠오르는 건 하늘을 나는 기능이지! 다음에는 손바닥에서 나오는 리펄서 빔. 그리고 무한에 가까운 에너지를 만들어 내는 가슴의 아크 리액터겠지. 인공 지능 컴퓨터 자비스도 빼놓을 수 없고!

이 기능들을 다 활용할 수 있다면 과학자들한테 얼마나 도움이 될까!

과학자는 아니지만, 저도 마크Ⅲ를 입어 보고 싶어요!

과학자들이 아이언맨 슈트를 입는다면 못 가는 곳이 없을 거야. 펄펄 끓는 용암 지대에 들어가서 화산을 연구할 수 있고, 방사능으로 오염된 지역에 직접 들어가 오염 상황을 파악할 수도 있겠지.

하늘을 빠르게 날아다니며 기상 데이터를 수집하거나, 대기의 변화를 추적해서 환경 연구에도 크게 기여할 수 있을 테고. 철새를 따라가면서 조류의 이동에 대해 새로운 것을 많이 배울 수도 있겠지.

손바닥의 리펄서 빔은 강력한 힘을 발휘해. 바위를 부수고 땅을 팔 수 있으니 과학자들이 중요한 자원이나 물질을 채취하는 데 큰 도움이 될 거야. 또 리펄서 빔의 추진력은 오늘날 과학 수준으로는 불가능하기 때문에 분석해 보려는 과학자들이 줄을 설걸!

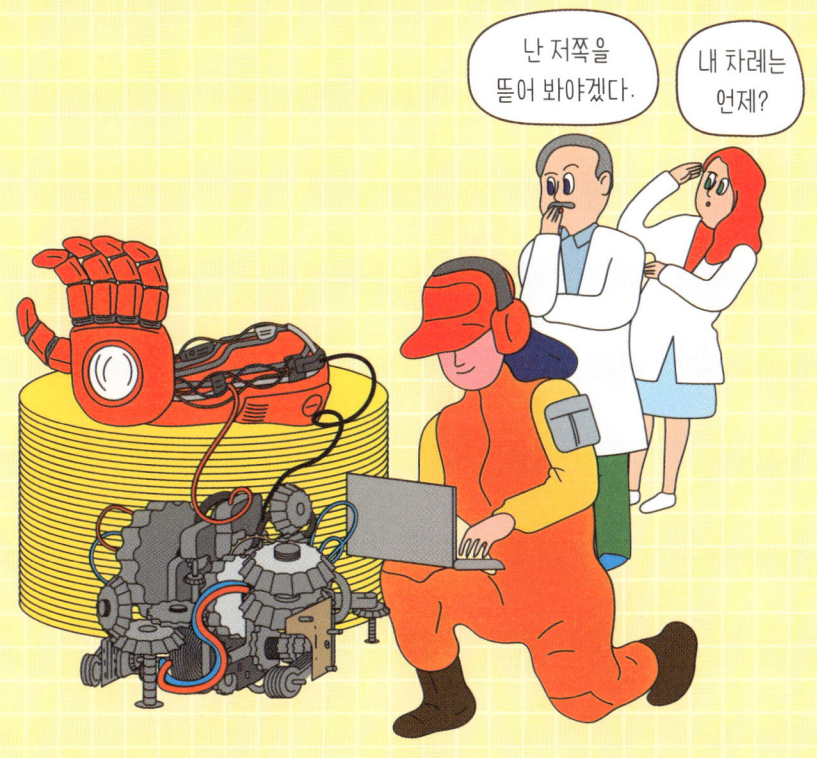

가슴의 아크 리액터는 어마어마한 전력을 만들어 낼 수 있어. 현재의 기술로 이런 전력을 만들 수만 있다면, 엄청난 전력이 필요한 과학 실험도 전기 걱정 없이 척척 해낼 수 있을 거야.

*토니 스타크는 자비스라는 인공 지능도 이용해.
자비스는 스타크가 시키지 않아도 정보를 모으고 분석하지.
이런 인공 지능이 있다면 과학자들에게 정말 큰 도움이 되겠지?
영화 속 이야기지만, 언젠가는 현실에도 등장할 날이 올 거야.
그 날을 위해 과학자들은 오늘도 연구하고 또 연구하고 있어.

아이언맨 슈트와 자비스와 같은 것을 개발하려는 노력 자체가 과학을 발전시키는 거네요!

허터비스 같은 수많은 시도가 쌓이면 가능하겠지. 해 보자!

교과 연계가 궁금해요

목차	이그노벨상 수상 내역	교과 연계
1. 고양이 언어도 통역되나옹?	2021년 생물학상	3학년 2학기 동물의 생활
2. 아, 한발 늦었다!	2002년 위생상	3학년 2학기 동물의 생활
3. 참는 게 다 좋은 건 아냐!	2011년 의학상	6학년 2학기 우리 몸의 구조와 기능
4. 망했다, 알람을 꺼 버렸어!	2005년 경제학상 2011년 화학상	3학년 2학기 소리의 성질
5. 하품은 전염될까?	2011년 생리학상	3학년 2학기 동물의 생활
6. 눈 감아도 괜찮아!	2006년 수학상	수학 6학년 비와 비율
7. 미스터리한 미스터리 서클	1992년 물리학상	중학교 3학년 과학기술과 인류 문명
8. 세상에서 가장 작은 선생님	2010년 운송계획상	5학년 1학기 다양한 생물과 우리 생활
9. 아름다운 그림을 보면 덜 아파?	2014년 예술상	6학년 2학기 우리 몸의 구조와 기능
10. 우르수스V와 아이언맨 슈트	1998년 안전기술상	중학교 3학년 과학기술과 인류 문명

파토쌤이 알려 주마

용어가 궁금해요

괄약근 (29쪽)

수축과 이완을 통해 우리 몸의 통로를 열고 닫는 역할을 하는 근육이야. 고리 모양으로 되어 있는데, 위와 식도를 잇는 부위와 끝부분, 요도, 항문 등 우리 몸 전체에 분포해. 괄약근이 제 기능을 못하면, 위에 있는 음식물이 역류하거나, 오줌이 샐 수도 있어. 또 괄약근을 이완시키면 똥이나 오줌을 눌 수 있어.

대뇌 피질 (45쪽)

대뇌의 표면을 덮고 있는 회백색을 띠는 층이야. 이 층에는 신경 세포들이 모여 있는데, 전두엽, 두정엽, 측두엽, 후두엽 등으로 나누어. 전두엽은 운동과 언어 능력, 두정엽은 촉각과 위치 감각, 측두엽은 청각과 기억, 후두엽은 시각과 관련 있어.

알고리즘 (71쪽)

알코레즈미(Al-Khwārizmī, 780~850)라는 아랍 수학자의 이름에서 유래한 말인데, 원래는 수학 문제를 풀기 위한 순서나 방법을 뜻했어. 하지만 오늘날에는 컴퓨터 프로그램 실행 명령어들의 순서를 의미하지. 검색 사이트나 SNS에서 연관 검색어나 친구 찾기와 같은 기능이 대표적인 알고리즘 서비스야.